AVENIR

ET

FUSION DES PARTIS

———

PARIS

A. RENÉ ET Cⁱᵉ, IMPRIMEURS-ÉDITEURS,
RUE DE SEINE, 32.

1848

AVENIR

ET

FUSION DES PARTIS.

Quand les déchirements des partis ont ébranlé le monde, quand des ruines amoncelées sur le sol s'élève un éloquent appel de conciliation, l'ennemi se retourne vers son ennemi, non pour lui tendre une main fraternelle de pardon et d'oubli, mais pour continuer une guerre de récrimination et de vengeance ; la lutte, qui paraîtrait terminée avec la vie des combattants, se continue entre des cadavres ; on se demande alors comment la petite armée du désordre est plus puissante que les innombrables soldats de la société écroulée ; chacun interroge le passé, demande compte à son adversaire des malheurs de la patrie, et tout le monde est juste en cela ; mais l'injustice de chacun éclate dans l'appréciation de ses propres fautes et de ses propres crimes ; aussi la vérité de toute les accusations les laisse-t-elle infécondes pour la reconstruction de l'avenir. Hommes de tous les partis, chacun de vous a démoli et incendié la maison de son adversaire, et vous demandez compte au soleil des ruines qu'il éclaire ; vous vous écriez : que s'est-il passé depuis hier ? Ce n'est pas depuis hier que les édifices ont été ébranlés, c'est depuis le commencement de votre travail ; et quand les vieilles tours chancellent sur leurs bases, quand les vieux donjons minés s'inclinent, du haut des cieux, pour vous abîmer sous leurs ruines, qui que vous soyez, homme de la bourgeoisie, homme de l'ancienne aristocratie, homme de la république, homme de la monarchie, ne vous dérobez pas à cette poussière qui veut vous engloutir, car ce n'est pas depuis hier que vous travaillez à ces ruines, c'est depuis un demi-siècle.

Cet anathème que nous jetons au travail du passé, nous n'entendons pas l'adresser à la nouvelle société qui s'élève ; reconstruisons-la tous et que chacun apporte sa pierre. Salut à la démocratie, qui règne et qui est désormais responsable de l'avenir ! ce n'est pas nous qui embarrasserons sa marche ; mais, jusqu'à ce jour, il n'y a encore que des décombres sur le sol de la future cité, et l'horison de l'avenir n'est pas tellement serein qu'on puisse, sans trouble et sans hésitation, chanter l'hymne de joie en l'honneur de la nouvelle ère.

Nous dirons donc la vérité aux anciens partis ; nous la dirons sans respect pour le passé, qui est l'œuvre de tout le monde, sans respect pour le présent, pour les idées qui règnent ; nous ne craindrons pas de montrer à tous et de proclamer ce que nous méprisons et ce que nous adorons.

Au milieu de la confusion de tant de nouveautés, les idées et les distinctions de la société passée paraissent mortes aux yeux de la multitude irréfléchie ; le philosophe sait bien que la transformation de la société, qui peut être l'œuvre des siècles, ne peut pas être celle de trois jours ; ce qui était vivant hier est debout aujourd'hui. En tous cas, et quels que soient les bouleversements de notre constitution sociale, les anciens mots survivent ; il n'y a plus, depuis longtemps, d'aristocratie, et cependant il faut bien parler de l'ancienne aristocratie, à laquelle ses adversaires font un intérêt distinct ; cette bourgeoisie, qui a depuis deux jours la prétention de s'appeler peuple, il faut bien lui conserver son nom tant que son intérêt continuera à se distinguer de celui de la classe immédiatement inférieure.

Nous userons donc des anciens mots ; si l'aristocratie populaire veut nous en donner d'autres, qu'elle les invente et nous accepterons avec joie son nouveau dictionnaire.

On sait ce que la société moderne entend par ce mot de bourgeoisie ; c'est la classe à laquelle le pouvoir nous a toujours semblé le plus légitimement appartenir : représentant à la fois les lumières et l'activité industrielle de la nation, la bourgeoisie constitue la véritable aristocratie du pays ; elle a poursuivi le pouvoir pendant quinze années, et le trône lui est échu. Maîtresse souveraine de la destinée d'un peuple, elle a usé de sa puissance absolue de manière à en rendre le retour impossible ; elle a relevé ce qu'elle attaquait, perdu ce qu'elle défendait, et le jour où une poignée d'ennemis est venue lui mettre le pied sur la gorge, ce grand corps s'est agenouillé dans la poussière comme un troupeau d'esclaves sous le fouet d'un satrape. Après dix-huit années de révolte contre le contact populaire, elle a voulu revêtir la veste de bure, elle a crié : le peuple ! à la porte de ses banquets, comme l'huissier des rois, et, couronnant ce rude monarque, lui a fait un diadème du pain noir des pauvres, un sceptre d'une fourchette d'étain !

La bourgeoisie était le nerf de la France civilisée ; nous avons été de ceux qui pensions que le pouvoir lui était légitimement échu ; mais elle a montré autant d'inintelligence sur le trône qu'elle avait déployé d'habileté dans l'attaque. C'est que la passion fait les agresseurs, mais ne constitue pas les monarques ; la bourgeoisie avait, nous le pensons, été légitimement effrayée de l'avenir, sous le règne de l'ancienne aristocratie ; cet effroi se perpétua en haine, et toute la puissance fut concentrée dans ce but insensé : l'anéantissement de ses adversaires du haut et du bas ; le mot d'ordre d'exclusion fut universel et complet ; elle ferma toutes les issues du pouvoir, à tel point que, lorsqu'un homme d'une autre classe arrivait au maniement des affaires, on pouvait assurer que ce n'était que par un prodige d'habileté ou de talent, pendant que, de tous les points de la France, la bourgeoisie envoyait les plus déplorables comme les plus obscures médiocrités. A coup sûr, nous comprenons trop bien les lois d'existence de chaque classe, pour reprocher à la bourgeoisie de s'être mise en garde contre ses adversaires d'en haut et d'en bas ; mais l'excès dans la passion, qui élève les oppositions, précipite les souverains, et c'est avec une juste raison qu'on a pu dire : Les ultra-gentilshommes ont tué la Restauration ; les ultra-bourgeois ont tué la monarchie de Juillet.

Et c'est là la plus véritable explication des événements d'hier ; un concours a manqué à la bourgeoisie ; l'ancienne aristocratie, vaincue en 1830, exclue systématiquement des conseils de la nation, a été poussée à en appeler aux classes populaires ; nous n'avons pas approuvé cette politique ; nous pensions qu'il y avait pour ce dernier parti quelque chose de mieux à faire ; mais enfin on peut comprendre que des hommes sérieux et sincères aient vu dans cette mesure extrême le seul remède à la situation.

Ce n'est pas tout : pendant que la bourgeoisie s'assurait un pouvoir sans conteste et sans partage, l'usage qu'elle en faisait détruisait constamment son influence et son règne moral ; on a reproché à l'ancien gouvernement la corruption effrayante qui gouvernait les affaires de la France ; le gouvernement n'a rien corrompu, parce qu'il n'est jamais donné à un gouvernement de corrompre une nation. Cette incontestable corruption témoignait de la dépravation de la classe dominante, et non de celle du gouvernement. Dans un état constitutionnel, on ne peut échapper à cette nécessité de gouverner avec les instincts, avec les influences, avec les mœurs, avec les vices et les vertus de la classe prépondérante ; il n'y a qu'au village qu'on puisse croire que les gouvernements font les institutions et les mœurs ; les hommes d'étude et d'expérience savent, au contraire, que ce sont les mœurs qui font les institutions et les gouvernements.

Et quand tout cela est tombé, il s'est trouvé que les matériaux de l'édifice n'étaient plus que de la poudre ; car au moment de cet épouvantable affaissement, aucun fracas ne s'est fait entendre ; les pierres n'ont pas rebondi sur le sol et brisé les arbres du voisinage ; on n'a vu qu'un grand nuage de poussière qui s'élève encore des ruines et qui cache à tous les yeux la démolition du passé et la reconstruction de l'avenir.

Quand l'aristocratie est tombée, ce petit parti, imperceptible par le nombre, a survécu à sa défaite : il a combattu avec les armes pendant quelques années, avec la presse jusqu'à ce jour ; et aujourd'hui qu'il est mort, il lève hardiment la tête et prend le monde à témoin de sa vie et de sa puissance.

Quand la bourgeoisie a vu son ennemi en colonne, elle s'est tournée vers lui pendant la bataille, a crié : victoire ! au peuple stupéfait ; et il n'est plus resté sur les murailles de la citadelle que les sentinelles de la bourgeoisie, oubliées et sacrifiées par leur armée, qui les a saluées du nom de traîtres, qui a demandé audacieusement à son roi : « Qui t'a placé là ? » qui a dit à ses fonctionnaires : « Partez ! » à la face du peuple stupéfait, qui, n'ayant pas combattu, ne croit pas encore à sa victoire !

Dans les temps calmes de son règne, la bourgeoisie est toute-puissante par l'activité de son industrie, par son nombre, par l'influence des professions libérales ; mais au jour inévitable du danger, cette grande puissance se trouve sans défense, et prouve au monde que les qualités qui suffisent à l'administration des jours de paix ne donnent pas la force au jour de la guerre, et qu'il y a deux éléments de la bataille qu'on ne trouve qu'en bas et haut : des chefs et des soldats.

La bourgeoisie a été le maître absolu de la France, l'aristocratie en a été le souverain contesté ; nous défions l'une et l'autre de reproduire de pareils temps ; l'ancienne aristocratie est morte, et ne peut rien par elle-même ; nous défions cependant la bourgeoisie de jamais réédifier ni consolider aucune œuvre sans le concours sincère et dévoué de son ancienne ennemie, qui ne doit plus aujourd'hui être autre chose qu'un allié, qui ne devrait plus même, depuis longtemps, être distinguée d'elle : il n'y a plus que des bourgeois et le peuple, une classe éclairée et une classe ignorante, une classe riche et une classe pauvre, une classe charitable et une classe secourue.

Et si nous avons fait la déplorable histoire des fautes de la bourgeoisie, celle de son ancienne adversaire ne serait ni moins longue ni moins instructive.

La ruine des partis n'est amenée ni par le hasard, ni par la force irrésistible des événements ; elle ne peut être que le résultat de leurs propres fautes, et tout parti porte en lui-même de telles conditions de vitalité, que si l'heure de sa chute vient à sonner, on peut affirmer que la gravité de ses fautes a dépassé la mesure commune. Ce principe de la vitalité extrême des partis est tellement enraciné dans les esprits que, longtemps après que l'idée et les hommes ont réellement péri par la perte de toute leur influence, beaucoup pensent encore vivre, parce qu'ils jouissent des droits du citoyen, administrent librement leur fortune, ont l'indépendance de la vie privée, dépouillés, du reste, de toute action sur les affaires publiques, de toute espèce de puissance sur les destinées de la patrie.

C'est là qu'est le plus grand mal ; et malheur aux hommes qui, comprenant la perte de leur parti, n'ont pas le courage de l'avertir ! Ils usent avec lui de la plus coupable des flatteries ; ils s'opposent à tous les remèdes énergiques qu'appelle une situation désespérée, mais non jamais complétement perdue ; car, si le parti est mort, il est, après tout, composé d'hommes qui sont toujours vivants.

Nous exprimerons sans détour notre opinion sur le parti légitimiste. Nous le regardons comme mort, et, à ce point que, si la restauration des principes soutenus par lui était amenée en France par la force des événements, cette restauration se ferait contre lui ; les puissances établies sur un nouveau trône n'y monteraient qu'à la condition d'exclure à jamais de leur conseil et même de toute participation à la vie publique les hommes qui les ont si longtemps défendues ; et ce serait pour ce parti la dernière et la plus funeste des révolutions qu'il ait à subir.

On voit déjà ce que nous entendons par l'intérêt d'un parti ; ce n'est pas le triomphe d'une idée ou d'un principe politique, c'est celui de l'intérêt commun des hommes réunis en parti. La fidélité appliquée à un principe politique, à une personne, à tout autre chose qu'à l'intérêt commun des hommes qui composent un parti, est un sentiment qui fait fausse route, une idée égarée.

Et nous avons le droit de parler ainsi; nous pouvons dire qu'il n'y a pas de parti qui ait son intérêt en dehors de celui de la France, et que la ruine complète d'un des trois éléments de la grande bataille entraînerait un défaut d'équilibre. L'histoire des dix-huit années dernières accuse dans tous ses malheurs l'absence aux affaires d'une classe riche, éclairée, dévouée. L'intérêt de chaque parti, c'est l'intérêt de la France.

A ceux qui nieraient la mort du parti légitimiste, nous demanderons : Où est son action? où sont les témoignages de son influence? La part d'adhésion qu'il donne à ce qui existe disparaîtrait, qu'y aurait-il de changé en France? L'opposition qu'il peut faire s'éteindrait, qui oserait affirmer que les conditions de la lutte entre la bourgeoisie et la démocratie en seraient sensiblement changées?

Et cependant les forces naturelles de ce parti nous paraissent telles qu'aucun autre n'en possède de semblables. Le nombre fait les partis, dit-on. Nous répondons : Les partis doivent créer le nombre; ils le peuvent toujours; un parti est bien moins une association qu'une armée, une armée composée de chefs, et de soldats ignorants suivant avec l'aveuglement de la passion l'impulsion donnée en haut. Aussi serait-il plus vrai de ne compter dans le parti que la petite cohorte des hommes qui en dirigent l'action. Les autres, c'est l'armée; l'armée qui se bat, au nom d'une illusion, d'une chimère, d'un intérêt généralement irréalisable, et qui trouve dans ces déceptions continuelles la justification de son inconstance et de sa mobilité. Nous ne sommes pas de ceux qui stygmatisent cette infidélité des masses comme un des plus tristes symptômes de la décrépitude de notre époque. Les masses n'ont pas le loisir de peser les divers systèmes au nom desquels on les appelle à la bataille, et lorsqu'une idée a été vaincue sans réaliser aucune de ses promesses, il y a justice et bon sens à en appeler à l'idée victorieuse, à la sommer, au nom du concours qu'on lui apporte, de remplir les engagements du vaincu.

C'est en prenant cette distinction pour base, en détachant de chaque parti l'armée qu'elle traîne à sa suite, qu'on arrive à donner au parti légitimiste une force numérique à peu près égale à celle des deux autres.

Et en effet pouvons-nous compter, dans le parti de la bourgeoisie, cette masse d'hommes éclairés qui a conduit la victoire de la démocratie, qui lui sert de guide dans son triomphe, qui combat encore pour elle aujourd'hui, et sans laquelle la démocratie ne serait rien, absolument rien?

Compterons-nous à la démocratie cette population de gens des campagnes, qu'une idée de révolte contre la monarchie n'avait jamais atteinte? Évidemment non.

Mais si le nombre est à peu près semblable de part et d'autre, les conditions de force sont loin d'être pareilles; il existe au sein du parti légitimiste une puissance qui n'appartient à aucun des deux autres, la cohésion.

Les autres partis ont des instincts communs; le parti légitimiste, seul, possède la cohésion.

Du nord au midi de la France, de l'Orient à l'Occident, il y a alliance naturelle non-seulement entre les idées, mais entre les hommes du parti légitimiste. Dans les autres partis, l'alliance n'existe qu'entre les idées. A tel point que si le travail de la presse venait à se suspendre, le lien serait complétement brisé entre le bourgeois de Lille et celui de Bordeaux, l'unité et la cohésion de l'ancienne aristocratie ne seraient pas entamées.

Il y a cohésion par toute la France; cohésion dans chaque département. C'est ainsi que l'absence de relations entre deux hommes de cette classe, pris aux points extrêmes d'un même département, apparaît toujours comme un fait anormal. L'établissement de relations entre deux hommes d'une autre classe, dans des conditions semblables, est une exception, un accident.

Nous observerons, en passant, que nous sommes obligés de nous servir des anciennes distinctions de classes et des anciens mots. Jusqu'à ce jour, on n'en a pas créé de nouveaux qui puissent rendre des idées qui sont encore dans le domaine de la discussion.

Mais comme le mot de légitimiste est plutôt l'expression d'une idée politique que de l'intérêt d'une classe, nous l'abandonnerons pour appeler le parti de son véritable nom, l'ancienne aristocratie française.

A cette première condition de force, la cohésion, ajoutons-en une seconde, la fortune. A nombre égal, on trouvera encore plus de fortune dans une réunion d'hommes de cette classe que dans toute autre assemblée de leurs adversaires.

Nous ne craindrons pas d'affirmer qu'il en existe une troisième dont l'existence sera plus contestée ; l'esprit de dévouement et de sacrifice à sa cause.

On objectera que les journaux fondés par l'ancienne aristocratie périssent successivement, faute de dévouements suffisants pour les soutenir ; que les entreprises légitimistes ont échoué sous des dévouements incomplets. Nous répondrons que la lutte des quinze années de la Restauration a été soutenue du côté de la bourgeoisie par des masses sympathiques, n'ayant pas à demander au dévouement le succès de ses journaux ; que nous connaissons peu d'exemples de journaux ou d'entreprises soutenus par les dévouements des autres classes de la société, et que l'esprit de sacrifice, si faible qu'il ait été dans l'aristocratie, fut toujours supérieur à tout ce qui s'est manifesté dans les autres classes.

Il n'y a eu que deux partis qui aient donné, de nos

jours, des exemples de sacrifice et de dévouement à une cause, deux races de combattants, dignes de cette gloire, les catholiques et les hommes de l'ancienne aristocratie.

Eh bien, toutes ces conditions de succès, tous ces éléments de puissance n'ont eu d'autres résultats que de conduire un parti à la plus éclatante défaite dont l'histoire ait gardé le souvenir.

Quelles sont les causes de cette mémorable catastrophe?

Quelles fautes ont amené cette ruine?

Quelle habileté est capable de la relever?

La première politique d'un parti est de combattre au nom de l'intérêt qu'il représente : les démocrates au nom de la démocratie, la classe moyenne au nom des intérêts du milieu contre les agressions du haut et du bas, l'aristocratie au nom des intérêts aristocratiques.

Les classes moyennes et les démocrates n'ont eu garde de manquer à cette loi souveraine; mais l'aristocratie a combattu comme ces volontaires exilés qui mettent leur dévouement au service d'une cause sympathique, pour une dynastie, pour des souverains, pour une idée politique; pour son intérêt, jamais.

Elle a toujours arboré la bannière d'une idée politique étrangère à son intérêt direct; elle a rattaché son succès au succès d'une cause politique. A cette cause elle a toujours subordonné l'intérêt de sa classe, manifestant la conviction que son succès était attaché à telle ou telle entreprise politique. Éprise d'une passion désordonnée pour la royauté, pour les maximes du pouvoir absolu, elle a voulu succomber avec lui. Plus tard, elle a cru combattre pour l'aristocratie en combattant pour amener aux droits politiques les dernières classes de la société, et il s'est trouvé que les succès de tous ses alliés politiques n'ont jamais été les siens, et qu'elle a subi cruellement tous leurs revers.

Il n'en devait pas être autrement.

Ce résultat pouvait être prévu par les esprits réfléchis qui ont appris, dans l'histoire des peuples, que toute idée purement politique est souverainement inféconde par elle-même; c'est un instrument facile à employer au bien comme au mal. C'est une terre où germera la semence que vous y jeterez. Que penseriez-vous du cultivateur qui placerait l'espérance de ses récoltes non pas sur la culture d'un champ, mais sur la propriété de la terre voisine, et userait ses forces à en poursuivre la possession au lieu de cultiver son propre héritage? Ouvrez le grand livre des nations; rien de plus varié que le spectacle des résultats obtenus par le triomphe des mêmes principes. Monarchies! républiques! mots de peu d'importance! Entre tant d'exemples, choisissons-en un. Quelle est la forme politique qui a jamais empêché le développement de la puissance des classes aristocratiques? La monarchie absolue? mille exemples prouvent le contraire; la monarchie constitutionnelle? voyez l'Angleterre; la république? Venise et l'ancienne Rome sortiraient de leurs tombeaux pour témoigner des luttes victorieuses de la république contre la démocratie.

Il faut convenir, cependant, qu'une classe doit marcher au combat avec un étendard politique; il faut bien un drapeau à la lutte, un point de ralliement pour l'armée.

Mais les chefs doivent bien comprendre que ce drapeau, agité dans les airs, ne porte écrit dans ses plis que le nom de l'armée qui combat, et non pas la proclamation du grand intérêt pour la défense duquel les soldats sont rangés en bataille. Agir autrement, c'est ressembler à ces troupes ignorantes qui pensent lutter uniquement pour la défense de leur drapeau, de l'honneur de leur corps, oublieuses des intérêts plus élevés au nom desquels la patrie les envoie au combat.

L'idée politique est donc pour les masses le but, le résultat ; pour les chefs plus éclairés, ce ne sera que la bannière, autour de laquelle on peut grouper une armée.

Arrêtons-nous ici pour protester contre cette voix qui s'élève et nous accuse de mobilité coupable, de trahison politique. S'il était démontré que l'intérêt de la France fût attaché à une forme particulière de gouvernement, il faudrait la défendre jusqu'à la dernière goutte de son sang ; mais nous croyons, pour nous, que la prospérité de la nation ne tient pas à une forme politique, et c'est là le motif de notre profonde indifférence à cet égard ; nous ajouterons que cette indifférence politique, mise au service d'un intérêt individuel, porte un caractère odieux de trahison et d'égoïsme, mais qu'employé à la défense d'un grand intérêt national, il n'a d'autre caractère que celui de la sagesse, qui sait mettre un grand principe au-dessus de tous les petits intérêts, dont se préoccupe l'esprit moins philosophique des masses.

Le premier reproche que nous ferons à l'ancienne aristocratie est donc de s'être attachée trop exclusivement aux idées politiques qu'elle a défendues, de les avoir adoptées, non comme moyens, mais comme buts ; de n'avoir pas su prévoir avant l'heure la chute prochaine des idées dont elle avait arboré la bannière, pour s'en détacher avant l'instant de leur ruine définitive ; d'avoir, dans le choix d'un drapeau politique, consulté autre chose que les chances de triomphe qui lui étaient réservées ; et nous élevant sur la base de ces principes, si l'on nous demande quelle idée politique il convient d'adopter, nous répondrons sans hésiter : celle qui doit régner.

Cette foi exagérée dans les principes politiques, qui était une première faute, devait nécessairement en entraîner une seconde ; en dehors du domaine des faits religieux, nous désapprouvons les croyances trop vives comme sources de dangereux aveuglements. Éblouie par ses convictions politiques, l'aristocratie française a méconnu le plus grand fait social de notre époque, l'avènement de la bourgeoisie ; c'est ainsi qu'elle a été entraînée à la plus grande faute qui puisse être commise par une classe de la société aspirant au pouvoir : à une lutte acharnée contre le développement d'une idée invincible. Que les hommes investis, par le hasard ou par leurs talents, de la mission de diriger un parti, se pénètrent bien de ce principe inflexible : l'art de régner est la science qui prévoit l'avènement et la puissance des idées hostiles, non jamais pour les combattre, mais pour s'y ranger, en prendre l'initiative et la direction ; c'est à ce prix qu'on se fait accepter par un pays pour guides et pour chefs. L'aristocratie n'a pas voulu prendre ce rôle ; nous pensons qu'elle le pouvait.

Nous disons, de plus, que la justice l'exigeait. Tous les bouleversements sociaux ne sont pas injustes ; quoi de plus équitable que d'élever sur les ruines de l'aristocratie ancienne une aristocratie nouvelle, renfermant dans son sein tout ce qui s'élève sur la terre de France par l'intelligence et la fortune ? C'était là une aristocratie à laquelle on pouvait être fier d'appartenir, aristocratie bien réelle, du reste, et par le petit nombre de ses membres, et par leur supériorité, et la seule possible en ce siècle d'activité intellectuelle, où les lumières de l'esprit ont acquis une si haute valeur.

Les hommes qui dirigent aujourd'hui la vie politique de l'ancienne aristocratie nous paraissent ignorer quelles furent les véritables tendances de leur parti pendant son règne constitutionnel ; il serait injuste de dire que la bourgeoisie ait été systématiquement exclue et abaissée. Non, l'égalité des droits ne fut pas une chimère pendant les quinze années de restauration ; les Chambres et les ministères se recrutèrent plus souvent dans la bourgeoisie qu'ailleurs ; il n'y eut de la part de l'aristocratie qui se relevait ni morgue, ni hostilité.

Mais il existait bien réellement un désir passionné de rétablir une classe peu nombreuse dans ses positions aristocratiques, perdues dans la grande bataille du siècle dernier : idée condamnée par le mouvement de l'époque ! idée injuste au point de vue de la diffusion actuelle des lumières de l'intelligence ! Il faut une raison d'être à toute puissance qui s'élève, une base à tout monument. Le règne de toutes les aristocraties dans le monde n'a jamais été un effet sans cause ; dans les temps féodaux de notre histoire, l'aristocratie française avait seule la suprême intelligence de la guerre, cette science capitale de l'époque ; l'aristocratie vénitienne l'emportait par la science du commerce et du gouvernement ; l'aristocratie romaine luttait contre la démocratie par le patronage, c'est-à-dire au moyen de sa supériorité intellectuelle sur la majeure partie de la classe qu'elle combattait. L'aristocratie n'est pas un droit qu'on crée par une loi, une ordonnance qu'on affiche sur les murailles : c'est un fait qu'on sanctionne par la légalité ; elle doit exister comme la lumière du jour, supérieurement à toutes les lois, semblable en cela, du reste, à toutes les institutions du monde, qui ne créent ni n'inventent ; les lois ne doivent jamais être que la constatation des faits.

Cette première phase de la lutte a entraîné toutes les autres ; victorieuse après quinze années, la bourgeoisie usa de sa victoire jusqu'à l'excès ; un mort d'ordre d'exclusion fut donné partout, la querelle se prolongea, et de part et d'autre, il faut le dire, les armes les plus dangereuses, les moins justifiables furent employées ; la bourgeoisie avait commencé par en appeler au peuple, à lui jeter les plus folles comme les plus mauvaises excitations contre ses adversaires ; des actes de désordre et de violence furent en 1830 la conséquence naturelle de ces prédications à la haine. L'aristocratie voulut avoir sa revanche ; elle en appela au peuple à son tour, lui montra dans l'avenir le drapeau de l'égalité des droits politiques, fit surgir devant ses yeux le fantôme d'une bourgeoisie envahissante et oppressive ; et comme on avait nié sa suprématie politique, elle nia, devant la nation frémissante, la supériorité de l'intelligence, de la richesse, toutes les distinctions séculaires. Cet appel fut entendu. Vous tous, qui n'êtes plus maintenant que des débris épars sur le sol, coupables de tous les rangs et de toutes les classes, qui savez bien la vérité de l'histoire que je vous rappelle aujourd'hui, croyez-vous avoir assez fait pour votre ruine commune, pour le malheur de la patrie ? Ne vous êtes-vous pas bien acquittés les uns vis-à-vis des autres ? Pensez-vous qu'il n'y aurait pas eu quelque chose de mieux à faire que de poursuivre entre vous ce combat meurtrier ? Pensez-vous qu'au début de la lutte une alliance n'était pas possible ? Quant à nous, nous le croyons fermement, nous ajoutons même que, si le parti de l'ancienne aristocratie eût pris volontairement cette généreuse et nécessaire initiative pendant que le pouvoir lui appartenait, la bourgeoisie, reconnue solennellement pour ce qu'elle était en réalité, la véritable aristocratie de la nation, ne se fût pas effrayée de cette ancienneté des races, dont le titre a toujours survécu, dans la mémoire des peuples, aux révolutions et aux entreprises de nivellement.

En cela, comme dans tout le reste, l'aristocratie fut aveuglée par une foi excessive dans une idée politique.

Empressons-nous d'en finir avec cette revue du passé. Si elle était nécessaire pour reconstituer l'avenir, elle ne doit pas, par un trop long exposé, dégénérer en stériles récriminations. Nous avons assez vu pourquoi l'aristocratie, forte par le nombre, par la cohésion, par la fortune, par le dévouement, n'a jamais su comme les autres partis se créer une armée. Il est plus important et plus difficile d'établir comment elle pourra désormais se relever de sa déchéance, et recruter des bataillons pour se présenter au combat.

Arrêtons-nous ici pour bien préciser le but de ces recherches; ne laissons pas à un adversaire la possibilité de transformer notre pensée; que personne ne puisse nous accuser de rêver un passé que nous venons de condamner nous-mêmes. Quand nous employons ce mot d'aristocratie, nous obéissons à une nécessité grammaticale. Il ne faudrait pas en conclure que nous regardons comme possible la restauration d'une aristocratie semblable à celle qui a péri avec le dernier siècle; nous pensons seulement que la classe qui n'a plus aujourd'hui aucune participation au gouvernement du pays peut revendiquer avec succès son droit oublié; nous croyons sincèrement qu'il y a sous le soleil une aristocratie qui ne périra jamais, celle de l'intelligence et de la richesse, et qu'il appartient aux hommes à qui ces paroles s'adressent d'y conquérir les premiers rangs par leur sagesse, par un dévouement éclatant aux intérêts de tout ce qui possède, de tout ce qui est illuminé des dons de l'intelligence, de tout ce qui a reçu de l'éducation ce cachet d'homme civilisé, qui marque les races d'un sceau aristocratique, dont aucune révolution n'effacera jamais la grandeur et la majesté.

Nous ajouterons que si les hommes auxquels nous osons adresser ces vérités avaient toujours obéi à ces principes, si, comprenant la variété des systèmes sur lesquels la royauté peut être établie, ils avaient toujours respecté la dignité des monarchies dans la dignité de tous les monarques, l'ordre social dans tous les régimes, la fortune, l'intelligence et l'éducation dans tous leurs adversaires; s'ils avaient tenu à honneur de se poser en France comme le grand parti de l'ordre moral, le respectant dans les établissements qui leur étaient le plus hostiles, les regards de la France alarmée se tourneraient aujourd'hui vers lui ; des quatre points de l'horizon politique on viendrait lui demander s'il ne recèle pas le secret du salut ; l'avenir et la destinée lui appartiendraient.

Personne ne rêve en France une aristocratie légale. Nous sommes tous armés pour le soulagement, pour le salut du peuple. Le peuple ! mot sacré dans notre langue moderne ! Il n'appartenait qu'à des nations chrétiennes de bouleverser ainsi jusqu'aux mots les plus élémentaires des langues ; ne vous révoltez pas contre cette aristocratie nouvelle qu'on veut élever en France des classes les plus malheureuses de la société. Ne dites pas : Le peuple, c'est tout le monde. Nous en sommes tous. Non ! le peuple, ce n'est pas tout le monde ! Ce n'est plus ce mythe païen de la patrie, ce *populus romanus* au nom duquel on conquérait l'univers ! Le peuple ! ce sont les classes pauvres et laborieuses, que notre intérêt comme notre charité nous commandent de protéger contre les exploiteurs, qui le bouleversent pour s'élever, le ruinent pour s'enrichir, l'excitent pour se faire oublier et pardonner !

Mais il y a plusieurs manières de travailler au salut de nos frères, et, si nous poursuivons le rétablissement de l'aristocratie de l'intelligence et de la fortune, c'est que nous pensons que sa destruction pourrait bien ni enrichir ni relever les classes malheureuses ; elle leur laisserait peut-être la misère et l'infériorité, moins l'aumône, moins le patronage et le secours du riche !

C'est là notre unique pensée en cherchant à entraîner les unes vers les autres les divers classes de la société riche et éclairée. Mais, pour marcher dans une voie nouvelle, il importe de reconnaître le terrain qu'on doit parcourir, et de ne pas s'élancer dans l'inconnu avec un bandeau sur les yeux. Nous ne pouvons donc poursuivre, sans nous appuyer sur quelques prévisions de l'avenir, sans avoir discuté et résolu le problème de la vitalité possible des idées qui règnent aujourd'hui. Abordons courageusement ces terribles mystères, et si les faits viennent plus tard insulter à nos prophéties, l'avenir que nous annonçons à notre pays n'est pas tellement heureux et prospère que nous recevions avec une bien vive amertume les démentis que nous réserverait la souveraine Providence.

Quand nous parlons des idées qui dominent notre époque, nous n'entendons pas y mêler la question de la République ; nous avons avoué notre indifférence pour les formes politiques ; nous pensons qu'on peut obtenir de toutes le bien et le mal. Le salut n'est pas dans la forme de gouvernement, il est dans la charité, dans la libéralité, dans un amour sincère et actif du peuple français.

Cependant, nous aussi, avons nos préférences ; nous mettrions au-dessus de toutes les monarchies du monde une république libérale, semblable à celle des Etats-Unis d'Amérique ; si elle s'établit ainsi, pour le bonheur de la France, nous pensons que le plus parfait établissement sera trouvé ; mais, si un tel succès ne nous était pas réservé, nous ne croirions pas que la république eût emporté dans sa tombe la fortune de la France. Nous le répétons, ce n'est ni de la république ni de la monarchie que nous entendons discuter ici ; mais les idées capitales qui dominent le mouvement actuel, si variées que soient leurs formes et leurs objets, concourent toutes à un but principal dans lequel elles se résument :

L'égalité la plus grande possible des individus ;

L'égalité complète des races.

N'entraînons pas la polémique et ne l'égarons pas hors

de ces deux termes ; le temps est trop précieux pour le dépenser dans les disgressions : organisation du travail, fixation des salaires, lois des héritages, remaniement de l'impôt, éducation gratuite et forcée, abolition du remplacement militaire, tout cet ensemble de projets n'a qu'un but, l'égalité des races.

Quant à l'égalité des individus, bien qu'on ne l'abandonne pas dans les prédications, la discussion contraint les apôtres à lui reconnaître des limites nécessaires et bientôt atteintes ; ils s'inclinent forcément devant les inégalités dont nous accable la main de Dieu ; ils veulent bien parfois égaliser les salaires et condamner l'activité et l'habileté, mais en quelque coin obscur du discours on est forcé de proclamer *la supériorité éternelle de la vertu et du talent*. On déclare qu'il n'y en aura plus d'autre. Nous osons en prévoir une troisième dont on ne parle pas, et qui nous paraît plus assurée que les deux premières : *la supériorité du vice*. Nous avouons croire beaucoup plus au règne éternel de cette aristocratie-là qu'à toute autre, et si une grande hardiesse nous était permise, nous ajouterions qu'à la vue du triomphe de certaines idées qui enflamment les auditoires, portent les hommes à la dictature, les signalent comme le flambeau des nations, nous reconnaissons une autre aristocratie, une autre supériorité bien plus grande, devant laquelle nous pensons avoir à courber éternellement notre front, *la supériorité de l'absurde*.

Mais l'égalité des races paraît un résultat plus facile à atteindre, et l'on peut dire aussi que c'est vers ce but que se tournent les plus grands efforts et les plus fermes espérances des novateurs.

Egaliser les races de telle sorte que le petit-fils du millionnaire retourne de ses propres mains le champ qui fournira à sa nourriture ; que le descendant du ministre reçoive de la libéralité du budget, aux derniers étages de la bureaucratie, ce mince salaire qui ne suffit pas toujours aux besoins réels : voilà le plan avoué par les prophètes d'une nouvelle société.

Et remarquons bien que les moyens proposés pour la réalisation de ce plan, tous extrêmes et impitoyables comme le but poursuivi, attestent à la fois sa violence et la grandeur des difficultés qu'il prévoit.

Pour l'égalité complète des races, il faut en effet que les successions ne perpétuent pas l'oisiveté dans une même famille, que l'éducation soit égale pour tous, afin que cette supériorité de l'intelligence ne trouve pas le moyen de perpétuer la supériorité de la richesse ; il faut qu'elle soit gratuite, pour que le pauvre s'élève ; obligatoire, pour qu'il fasse violence à ses intérêts, à son insouciance, à ses habitudes, en sacrifiant le produit du travail de ses enfants aux espérances de l'éducation ; il faut que le travail ne donne pas lieu à des rétributions inégales, pour que le bénéfice de l'activité, enfoui comme un larcin, ne s'accumule pas de générations en générations, pour reconstituer à la fin cette aristocratie de la richesse, poursuivie avec un tel acharnement ; et enfin, pour la réalisation de toutes ces choses, pour solder l'éducation de tout le monde et l'oisiveté des paresseux, pour élever constamment les infirmes, que le mouvement social abaisse en dépit de toutes les lois, il importe de recueillir d'immenses impôts, de les porter à un chiffre inconnu jusqu'ici, et dès lors, de frapper presqu'uniquement le riche, seul contribuable en état de fournir à ces nécessités.

Voilà le système et toutes ses exigences.

Nous n'entendons pas faire descendre la polémique jusqu'aux détails de chacun de ces projets ; nous ne nous plongerons pas dans le dédale des difficultés propres à chacun d'eux ; l'armée s'ébranle, envoie des colonnes sur plusieurs routes diverses ; irions-nous courir sur le front de la ligne signaler les rochers et les précipices qui barrent chaque voie? On aurait peut-être la hardiesse de nous répondre : Nous ferons notre passage à travers ce granit, nous jetterons cette montagne dans cet abîme; laissez-nous aller! Allez donc! Mais sans prendre la fatigue de parcourir avec vous les sinuosités de tous vos sentiers, nous vous dirons pourquoi votre entreprise est frappée à mort dès aujourd'hui; pourquoi vous marchez à la déroute; nous vous le dirons d'ici, de cette hauteur où nous sommes, et sans descendre d'un ordre de considérations plus générales et plus élevées.

Contentons-nous d'établir que ce réseau de lois est brisé, radicalement démoli, du jour où une seule de ces mesures vient à manquer. Il y a là un ensemble de précautions solidaires qui ne peuvent exister les unes sans les autres ; c'est un tissu dont la tenacité est dans chaque fil ; rompez-en un seul, et la trame est défaite, elle n'existe plus.

Nous ferons voir ensuite qu'il y a une condition première et indispensable à l'existence de toute cette légalité, condition sans laquelle elle ne peut vivre, et nous nous demanderons si l'espérance de voir cette obligation remplie, cette nécessité satisfaite, peut avoir été donnée aux novateurs par un examen réfléchi de nos mœurs, de nos inclinations, de notre société.

Oublions donc pour un moment la difficulté d'établir un impôt progressif, et ses désastreux effets sur le travail; les difficultés inhérentes à toute loi qui viendra rompre la chaîne des successions; les impossibilités et les malheurs d'une éducation uniforme pour toutes les classes, et de son obligation.

Mais remarquons que l'ensemble de ces mesures constitue une égalité légale des races, qui peut seule, par son entier et sincère accomplissement, justifier ce monstrueux assemblage.

Que l'égalité des races ne soit pas réelle, et vous n'avez plus dans votre code qu'une légalité draconienne, attentatoire à la liberté, à l'inviolabilité de la famille, aux droits les plus sacrés de l'humanité.

Quoi! si l'égalité des races n'était pas le résultat véritable et sincère de pareilles tentatives, qui vous donnera donc le droit de déclarer, par vos attentats contre la propriété de la famille, cette guerre affreuse à l'esprit de famille; de violer, par l'odieuse tyrannie de l'éducation imposée, la liberté de toute une nation, et de la violer de la manière la plus absurde, en faisant un écrivain d'un laboureur, un artiste d'un sabotier, et cela à la face du monde bouleversé, qui va peut-être reculer tout entier vers l'ordre et le calme des monarchies, à la vue des rêves inouïs dont vous bercez l'enfance de ces jeunes républiques européennes, dont la tutelle ne nous a pas été confiée pour charger leurs membres de fers, pour les faire périr dans l'obscurité des cachots?

Supposez un seul instant que le principe de l'égalité des races soit violé quelque part, en quelque coin obscur de vos lois et de leur application; supposez que cette égalité vienne à ne pas exister, au nom de quel principe viendrez-vous alors porter la main sur le patrimoine de la famille dans les successions, sur le patrimoine de Dieu dans l'éducation, sur le patrimoine de la nation en faisant des hommes de casernes de tout ceux dont elle voulait faire ses artistes, ses poëtes, ses orateurs et ses hommes d'État?

Que l'égalité des races soit une chimère, et qui de vous osera contraindre un père à élever son fils pour les destinées que la patrie lui impose?

Nul de vous n'a une pareille puissance, et vous le savez bien. Il n'y a que la réalisation complète et sincère de votre programme égalitaire qui puisse justifier et rendre possibles de pareilles énormités.

Mais qui ne voit que, si une seule de ces mesures vient à manquer au faisceau, l'égalité des races n'existe plus?

Échouez dans la tentative de régler, jusqu'à l'anéantissement complet, les héritages de la famille, que devient l'égalité des races?

Soyez brisés par la résistance d'une seule famille à la loi des éducations réglées, où sera l'égalité des races, refusant d'acquérir les mêmes lumières?

Et si vous ne réussissez pas à étouffer dans vos serres rapaces les gros revenus par l'impôt progressif, voilà l'égalité des races détruite par des accumulations souterraines.

Il ne faut donc que l'absence d'une seule de vos lois pour que le principe de l'égalité des races soit détruit de fond en comble, et alors tout ce code, n'étant plus justifié par ce résultat solennellement promis, ne devient plus qu'un monument d'iniquité tellement monstrueux qu'aucune partie n'en peut rester debout. Une seule abattue, l'égalité des races n'existe pas! et vous savez bien que tout ordre social, basé sur les inégalités accoutumées, sera toujours incompatible avec ces excentricités despotiques que Néron n'a jamais rêvées, que Tibère et Caracalla, qui se sont fait dieux de leur vivant, n'ont jamais osé imaginer.

C'est donc là un réseau de lois solidaires les unes des autres; une seule impossible, les voilà toutes brisées.

Mais alors apparaît dans toute sa gravité la difficulté capitale de cette solidarité. Hommes de cette démocratie radicale, nous nous inclinons devant la hardiesse de votre logique! Elle ne recule devant aucune conséquence extrême; vous l'avez bravement écrite sur toutes les murailles, et vous avez compris comme nous qu'une première condition était nécessaire pour l'établissement de cette étonnante législation, condition sans laquelle vous reconnaissez bien vous-mêmes ne rien pouvoir fon-

der de semblable. Nous voulons parler du règne universel et sincère de la *fraternité*.

Liberté, *égalité*, *fraternité*, voilà le principe d'où dé-
coule toute votre hardiesse; principe nécessaire à établir, qui triomphe aujourd'hui sur les murailles de nos
cités. Puisse-t-il régner également dans les cœurs de nos
concitoyens!

Vous avez tous compris cette vérité; vous l'avez tous
proclamée.

Manifestes généraux du gouvernement, manifestes
particuliers des ministres, discours des dictateurs et
sous-dictateurs, toutes vos paroles et tous vos actes in-
voquent la fraternité générale que vous avez décrétée entre tous les Français!

Quoi! l'égalité des salaires! Et vous, dictateur qui
faites des livres, entendez-vous vendre vos volumes au
prix des almanachs liégeois? *Oui*, répond l'apôtre, *oui,
dans une société organisée comme vos précurseurs vous l'an-
noncent; oui, dans une société organisée au nom de cette fraternité générale.*

Quoi! le travail peut être un point d'honneur! *Oui,*
répond-il encore, *oui dans la société que je prêche, dans
la société de la fraternité.*

Première question remise au règne de la fraternité;
quand la conscience publique se révolte contre une organisation despotique, vous savez bien qu'elle la ren-
verse dans un temps donné. Que faut-il pour maintenir
la force à vos projets contre la liberté de succession?
L'assentiment général. Contre l'assentiment d'une forte
majorité, rien ne résiste longtemps; vous le savez. Qui
donc a son bénéfice évident dans une pareille mesure?
Personne; l'Etat seul, ce mythe qui est censé représenter tout le monde, et que chacun regarde toujours en
ennemi, l'Etat seul ramasse toutes ces richesses. Ce n'é-
tait pas assez d'avoir pour adversaires tous les imposés

de la République; le voilà aux prises avec tous les héritiers, qui n'héritent plus que d'une chose, de la haine contre l'Etat. Vous savez tout cela; mais ces conséquences, dites-vous, découlent du principe de la fraternité. A coup sûr, elle ne fut jamais plus nécessaire, et fasse le ciel que vos décrets l'établissent! car sans la fraternité, il n'y resterait bientôt plus un percepteur et un contrôleur vivant sur le sol de la France.

Sans la fraternité, ferez-vous consentir les pères de nos futurs législateurs, de nos futurs écrivains, à consacrer la jeunesse de leurs enfants au maniement des armes, pour en faire ces détestables soldats dont vous voulez composer l'armée de la République?

Sans la fraternité, nous vous défions d'accomplir aucune de ces choses.

Une législation qui est un sacrifice perpétuel de chaque membre à la société, un sacrifice de tout ce qu'il y a de plus cher dans la vie de l'homme, ne peut se maintenir que par un sentiment de fraternité sincère qui contraigne les citoyens non-seulement à s'aimer entre eux, mais encore à aimer l'Etat comme un frère, à l'aimer comme soi-même, plus que soi-même, plus que l'Evangile ne nous ordonne d'aimer notre prochain. Aussi, reprenant votre devise, nous allons l'écrire en tête de votre code, en y ajoutant l'addition de votre sœur aînée, la république de Robespierre :

Liberté, égalité, fraternité, ou la mort.

Ou la mort de toutes vos doctrines et de tout l'arsenal de vos lois.

C'est là, au fait, le point le moins contesté de la discussion; la fraternité, voilà le principe avoué de toute cette rénovation, le principe nécessaire de cette légalité. Nous allons donc à la fraternité universelle; nous marchons non pas à la discorde, mais à la concorde. Pourquoi des armes dans nos cités? Pourquoi des serrures à nos maisons? Pourquoi des juges, des avocats? Pourquoi des prisons, des geôliers, des guichetiers sous le règne de la fraternité?

Que de choses, que d'hommes désormais inutiles? Ah! combien il est amer le souvenir de ces temps où l'absence de fraternité entre les hommes nécessitait des magistrats pour juger ce qu'on appelait alors des procès! où les citoyens étaient contraints de s'armer pour protéger la paix de la cité! où les champs étaient limités par des bornes, la liberté par des répressions! Enfants, qui vous élevez dans cette nouvelle ère, croirez-vous qu'un pareil temps ait jamais existé? ajouterez-vous foi aux récits de notre vieillesse? Vous qui n'avez plus d'autre occupation que de vous précipiter dans les bras les uns des autres; qui usez votre vie à travailler à la grandeur de votre voisin et à votre abaissement; qui vous éveillez la nuit, comme ces voleurs des siècles passés, pour reculer la borne de votre champ et agrandir à vos dépens l'héritage de votre concitoyen!

Mon frère le riche, m'aimez vous? oui! Soyez donc heureux, car cette fortune, que vous avez amassée pour moi, j'en prends cette part; que votre affection soit satisfaite!

Mon frère le pauvre, m'aimez-vous? oui! Soyez heureux; la fortune dont vous me voyez jouir suffit à votre bonheur et n'excite jamais votre envie; soyez heureux, mon frère!

Voisin, mon frère, m'aimez-vous? oui! Voyez donc quel est votre bonheur! ma moisson est radieuse, la vôtre est moins belle! mes arbres ploient sous les fruits, la gelée a emporté les vôtres! je vous félicite, voisin.

Mon frère le bossu, m'aimez vous? oui! Voyez donc comme l'objet de vos affections passe avec ce port majestueux que la nature vous a refusé; votre fraternité reçoit sa récompense.

Mon frère l'idiot, m'aimez-vous? oui! Voyez donc, le monde est rempli de ma gloire et du triomphe de mon génie! Soyez heureux!

Des lois pour le régime de la fraternité! Mais, si la fraternité règne, à quoi bon des lois? c'est une injure à la société, mes frères.

Cher frère *Caussidière*, que faites-vous là dans votre rue de Jérusalem, et quelle est cette grosse clef qui sort de votre poche? quelle clef, bon Dieu! Qu'y a-t-il sous les verroux? quoi! des frères! Quelle fraternité est la vôtre? est-celle d'Abel ou celle de Caïn?

A la vue de tous ces prodiges, les contes dont on amusait notre enfance reviennent à notre mémoire : il y avait une île des plaisirs, les rochers étaient de sucre candi, les ruisseaux de lait ou de vin, la terre de chocolat, et les habitants de cette île fortunée vous recevaient dans leurs bras, vous invitant à prendre votre part de toutes ces générosités de la nature ; voilà que notre âge mûr réalise les rêveries de notre enfance. O ma patrie! île de la fraternité! le jour où nous serons tous frères, la nature entière se transformera! le plus grand prodige sera accompli ; que sera-ce ensuite de changer les fleuves, les rochers et les montagnes? une misère.

Ce n'était pas assez des malheurs de toutes nos discordes, il fallait encore que de nouveaux apôtres vinssent jeter, à la face de toutes nos haines et de toutes nos implacables rancunes, cette cruelle dérision de la fraternité! Vous, qui avez bien la hardiesse de venir saluer les Atrides du nom de frères, au lieu d'insulter ainsi à leurs sombres passions, n'avez-vous pas quelque moyen de les calmer? Cette fraternité, qui, jusqu'à ce jour, ne s'est traduite que par le fratricide, osez-vous bien la prendre pour le texte de vos déclamations? Venez donc au milieu de nous ; venez prêcher cette fraternité, prêchez-la par vos paroles, et, si vous pouvez, par vos actes, cela sera plus honnête que de mettre le poignard à la main de tous ces ennemis, de les renfermer en champ clos, de les appeler frères, et d'insulter, par cette dérision, à ce combat sanglant.

Venez prêcher la fraternité ; mais si la confusion de vos croyances ne vous permet pas la connaissance de l'avenir ; si, dans la sincérité de leurs utopies, quelques-uns d'entre vous avaient jamais rêvé les prodiges qu'ils inscrivent sur nos murailles étonnées, nous qui, au milieu du tumulte des bouleversements du monde, avons conservé un vieux code où sont écrites les destinées du genre humain, nous serons prophètes à notre tour, et, l'Evangile à la main, nous vous dirons à quelles souffrances et à quelles peines éternelles votre race a été condamnée ; et, si vous niez cet anathème, prononcé sur vous tous, nous en appellerons à toute votre histoire, à vos malheurs, à vos discordes, à vos infirmités, à vos haines, à la passion qui vous enflamme contre nous, qui combattons vos folies, à celle qui nous anime, nous-mêmes, quand nous vous voyons chanter l'hymne de la fraternité une torche à la main.

Véritablement, nous le croyons, il peut se rencontrer dans le monde quelques âmes égarées, qui, ayant depuis longtemps oublié l'Evangile, pensent réellement voir arriver le règne de la fraternité ; il y a plus, ceux-là sont peut-être sincères qui appellent ce paradis terrestre au nom même des destinées chrétiennes, ignorant qu'il sort de la parole de Jésus-Christ, qui a annoncé aux hommes sa mission par ces terribles promesses :

« Que pensez-vous que je sois venu apporter dans le monde ? la paix ? Non, mais la guerre, car je suis venu séparer la fille d'avec la mère, le fils d'avec le père, la belle-fille d'avec la belle-mère. »

Voilà toute la destinée terrestre des nations chrétiennes. Ce n'est pas le bonheur qui a été prédit au chrétien, c'est le malheur sur terre. Ce n'est pas la paix, c'est la guerre. Ce n'est pas l'union, c'est la discorde, et jamais promesse fut-elle plus rigoureusement et plus loyalement accomplie?

Mais quoi! si on acceptait de pareilles prophéties, il faudrait bien admettre la déchéance et la condamnation de notre race; il faudrait surtout admettre ces destinées éternelles de paix ou de terreur annoncées à la fin de la vie terrestre; il faudrait redevenir cette créature tombée, condamnée à rouler éternellement le rocher de ses haines. Tout cela se tient et s'enchaîne invinciblement; aussi ne nous y trompons pas : toutes les utopies sont filles de cette rébellion de l'humanité contre l'arrêt de déchéance. La condamnation une fois niée, il faut bien assigner au genre humain une destinée progressivement meilleure, et voilà qu'il nous faut des systèmes: un système sur l'origine, un système sur la destinée, un système, surtout, sur le progrès; car accepter l'état présent, quel moyen! N'est-il pas détestable! Ne sommes-nous pas semblables à des malheureux condamnés? Et si nous n'admettons plus des destinées ultérieures, quelle idée de nous faire accepter cette immobilité dans la souffrance?

Qu'on se pénètre bien de cette vérité; le nœud de toutes les grandes questions est là. Vous ne direz pas deux mots en politique sans arriver où nous vous avons menés, et cela par quelque chemin que vous preniez. Au fond, il n'y a que deux camps dans tout le socialisme; communistes, phalanstériens, républicains, monarchistes, dynastiques d'une façon, dynastiques de l'autre, vous croyez former mille camps; vous n'en formez que deux : la reconnaissance de l'arrêt de condamnation, sa négation.

Il n'y a en réalité d'autres drapeaux que ces deux-là; dans le premier camp, le travail constant, de la charité, la confiance dans la charité. Vous qui, dans le fond de votre âme, vous souciez moins que vous ne croyez des théories politiques, et qui croyez avoir plus fait pour le pauvre, quand vous avez travaillé à son bonheur immédiat par le soulagement immédiat de ses misères et par son éducation morale, que lorsque vous lui donnez des droits politiques, vous êtes de la première armée; reconnaissez votre drapeau.

Vous qui ne faites rien pour la misère du temps présent, mais qui préparez de magnifiques systèmes pour l'extinction complète de la misère chez les générations futures, rangez-vous de l'autre côté; poursuivez votre œuvre.

N'oublions jamais cette distinction; il n'y en a pas d'autre.

Est-ce à dire que nous mettions, d'un côté, la confiance dans le progrès; de l'autre, la négation du progrès?

Oui et non, suivant le sens qu'on attache à ce mot de progrès; oui, assurément, quant au progrès dans la fraternité.

Nous nous adressons ici aux partis pour leur indiquer une voie plus sûre que celle de ces bouleversements fraternels. Comment ne pas discuter à fond toutes ces questions sociales, toutes ces théories du progrès? Leurs solutions seront les bases de nos croyances; la lumière que nous en tirerons sera le flambeau de nos investigations dans l'avenir de l'humanité.

Mais, avant de reculer dans le passé, arrêtons-nous ici pour constater les premiers résultats de nos discussions:

Solidarité absolue de toutes les lois égalitaires;

Impossibilité absolue pour elles toutes de subsister si une seule vient à manquer.

Pour arriver à leur établissement, nécessité impérieuse du règne complet de la fraternité;

Folie et absurdité de ce dernier rêve.

Nous dirons donc franchement notre conclusion, inébranlablé dans notre esprit ; nous ne croyons aucun avenir à la démocratie, tant qu'elle se produira sous cette forme.

Ce n'est pas à dire que quelques-uns de ces projets ne puissent pas être votés quelque jour à l'admiration ou à la stupéfaction de tout un peuple ; nous ne sommes pas de ceux qui croient impossible le retour du règne du cheval de Caligula ; ces choses-là paraissent toujours plus étranges de loin que de près ; mais, nous l'affirmons avec la plus entière conviction, que de pareilles lois se votent, qu'elles soient reçues avec acclamations de la multitude, cette légalité sera un monstre qui ne naîtra pas viable. Nous ne craignons pas de l'affirmer aux partis, dont l'hésitation interroge la destinée, l'avenir n'est pas là.

Mais, pour déterminer cet avenir, pour indiquer aux partis la voie sûre qu'ils doivent choisir, il est nécessaire de nous expliquer et de nous entendre sur la valeur réelle des idées du progrès, sur la véritable acception pratique de ce grand mot, sur les espérances que l'humanité peut raisonnablement concevoir ou rejeter.

Que s'est-il passé dans le monde depuis son origine ?

Quel pas avons-nous fait dans la voie du progrès ?

On ne sait pas assez ce qu'était le monde quand le le christianisme s'est levé pour gouverner ses destinées.

Les droits les plus naturels et les plus inviolables de l'homme étaient oubliés ; l'esclavage était le droit commun ; aucune condition ne pouvait se croire à l'abri de cet épouvantable fléau, dont nous ne concevons pas toujours toute l'horreur, par le spectacle qui nous est donné de l'esclavage dans les temps modernes. Quand nous voyons fouetter, aux Antilles, le nègre, objet de notre pitié, nous croyons avoir le dernier mot des misères de la servitude ; il faut se détromper : ce nègre a encore certains droits reconnus qu'on ne violerait pas , des juges pour les réclamer ; c'est un homme asservi, mais c'est encore un homme. Nous ne savons pas assez ce que c'était que de devenir véritablement une chose dont un maître pouvait tirer le parti qu'il lui convenait. Nous ne nous rendons pas compte de toute la tyrannie détaillée que l'habitude de l'esclavage avait introduite dans les mœurs : tout était opprimé ; tout opprimait. Il faut bien qu'on sache que dans le monde ancien il n'y a jamais eu de droits solidement établis ; ni les lois des douze tables, ni le code théodosien, ni celui de Justinien, n'ont été sérieusement observés. Il ne faut pas se tromper à ces apparences de légalité : l'histoire entière protesterait contre une semblable erreur.

La famille n'était plus ; les incestes des empereurs romains n'ont jamais inspiré qu'à quelques hommes exceptionnels l'horreur qui y semble maintenant attachée ; et cette grande débauche du genre humain n'était pas le privilége de la civilisation romaine : Attila épousait sa fille, et le récit des excès des Francs au sortir des forêts de la Germanie épouvante les moins scrupuleux. Il faut bien le dire : le père vendait son fils, et souvent le fils son père ; la mère jetait aux chiens et aux vautours l'enfant de l'union la plus légitime comme celui de l'inceste et de l'adultère ; l'habitude de l'exposition des enfants était commune à toutes les classes de la société romaine ; il n'y a pas de fait mieux attesté dans l'histoire. Parce qu'on a trouvé, en venant au monde, des vertus tout établies, il ne faut pas croire qu'elles soient inhérentes à la nation humaine ; il serait facile d'assigner à chaque sentiment, si naturel qu'il paraisse, une époque où il était complètement méconnu.

Telle était la société humaine, quand les douze pêcheurs de Galilée partirent pour en prendre le gouvernement.

Comment le monde s'est-il transformé? Pourquoi y a-t-il des droits reconnus, des libertés acquises, des vertus imposées, des crimes détestés?

Celui qui est libre ne sait pas pourquoi il est libre; il faut le lui apprendre.

Celui qui est honnête ignore pourquoi il est honnête; il est nécessaire de le lui dire.

Beaucoup pensent qu'il y a dans l'homme une puissance de perfectionnement qui marche toujours, en dépit des entraves; une puissance qui s'est fait jour, malgré les pouvoirs de tout genre.

S'il existait effectivement chez l'homme une puissance naturelle invincible de perfectionnement, elle se serait fait sentir, partout et toujours; et l'histoire de tous les siècles l'attesterait nécessairement; mais, je ne crains pas de l'affirmer, il n'y a dans aucune tradition humaine la trace d'un semblable mouvement avant le premier siècle de notre ère, duquel nous datons avec justice notre liberté, nos vertus, toute notre civilisation.

Je sais bien que les machines d'Archimède n'étaient pas connues du temps d'Homère; que les dames romaines du siècle d'Auguste possédaient des secrets de luxe que nous ne connaissons peut-être pas tous, et que Lucullus avait tout perfectionné, jusqu'à faire arriver sur sa table, et vivant dans son élément, le poisson que quelques minutes d'attente auraient pu altérer.

Loin de moi l'idée de nier le pouvoir de perfectionnement de l'homme appliqué à ses jouissances matérielles: quant à celui-là, il le possède au suprême degré.

Mais cette force d'ascension vers la liberté et la

morale, la trouve-t-on dans l'histoire des hommes avant la venue du christianisme?

Remontons par la pensée ces dix-huit siècles si péniblement descendus; comparons l'état des sociétés du 1er siècle de l'ère chrétienne à leur point de départ dans les âges antérieurs.

La société romaine, la plus célèbre de toutes, se présente la première à nos regards.

La société romaine avait-elle marché, depuis son origine, vers la moralisation, vers la liberté, vers la reconnaissance des droits naturels de l'homme?

Je ne remonterai pas seulement aux premiers temps de la République; je ne recule pas devant les deux cent quarante-quatre années de la royauté; tout ce qu'on sait des Romains du temps de Romulus, des institutions de cette époque, des grands changements apportés à la constitution par le roi Servius-Tullius, changements qui restèrent la loi même de la République, tout cela peut être mis en regard des hommes et des actes de l'Empire. Sous la royauté comme sous la république, il y avait des hommes jouissant des droits reconnus, il y avait des idées morales universellement respectées et pratiquées; les crimes publics blessaient le sentiment moral empreint dans les esprits; ils entraînaient de terribles révolutions.

On sait ce qu'étaient les Romains de l'empire. Est-il nécessaire de rappeler les désordres épouvantables de ces temps; la tyrannie absolue se roulant dans les délices d'une fange monstrueuse, ne trouvant jamais d'adversaire que dans un autre despotisme rival, encore plus brutal, encore plus furieux; et la nation tout entière présentant le plus affligeant spectacle de la démoralisation la plus complète, du plus triste oubli de tous les droits?

Des Romains de Romulus aux Romains de Tibère il

y a, sous le rapport de la liberté et de la morale, une décadence incontestable; il n'est encore venu dans l'esprit d'aucun historien de soutenir le contraire.

- Cette décadence a sa succession d'époques marquées; on la suit dans l'histoire.

Comparez le mouvement populaire qui précipita les Tarquins en l'année 244 à celui qui renversa les décemvirs en l'an 305.

La rapidité du premier est une explosion irrésistible; en une journée l'indignation publique a triomphé; tout est fini : qui eût été assez audacieux, en ce jour, pour défendre les ravisseurs de Lucrèce?

Le décemvir Appius, ce magistrat républicain, n'agit plus par la violence brutale; on est déjà plus policé, il s'adresse à la légalité; c'est devant les tribunaux qu'il réclame comme son esclave la fille d'un citoyen romain, des plus honorés de la ville. Cela peut se faire; l'ordre légal est pour lui; il trouve des témoins en nombre suffisant; c'est au nom des lois qu'il s'empare, pour l'embellissement de son harem, de la plus belle et de la plus considérée des jeunes filles de Rome; pour la lui enlever, il faut la tuer : le père n'hésite pas.

Vous pensez qu'après cet épouvantable drame, le sentiment public indigné va faire justice du tyran; il est effectivement forcé de descendre du trône décemviral; mais il a pour le soutenir un parti si puissant de gens semblables à lui, que, pendant une année entière, il peut se promener la tête haute dans les rues de Rome; et il faut tout ce temps aux vainqueurs de la morale pour acquérir la force nécessaire pour intenter son procès.

·Certes, en l'année 305 de la fondation de Rome, il y avait déjà une décadence morale; elle est incontestable.

Entre cette époque et Tibère, nous trouvons les sanglantes débauches de Marius et de Sylla; vous avez constaté les effets du luxe après la destruction de Carthage ; certes, quand on parle de la décadence, de la dégradation morale du citoyen romain, depuis les premiers temps de Rome jusqu'à Tibère, on est dans le lieu commun. Voilà bien une société qui n'a pas marché en avant dans la grande voie qui conduit à la liberté de l'homme, à sa dignité morale ; elle a incontestablement marché dans la direction contraire.

Si le progrès ne se rencontre pas chez les Romains, le peuple grec peut-il nous en offrir un exemple ?

Les documents ne manquent pas pour étudier la société grecque à toutes les époques de son histoire ; il suffit des morales de Plutarque pour nous initier à la vie intime du peuple grec, aux temps d'Auguste et de Tibère, et même à l'époque qui précéda la bataille de Chéronée ; on peut voir dans ces anecdotes, qui peignent parfaitement l'état social de la nation, quelles garanties il y avait alors pour la vie, pour les biens, pour la liberté individuelle du citoyen ; des rapts et des meurtres, des tribunaux sous l'influence et sous la domination du crime, incapables de châtier aucun attentat, de distribuer aucune justice ; le vice jouissant et opprimant, dans toute la tranquillité de sa puissance ; absence entière de pensées généreuses, dévotion absolue au matérialisme de la volupté : voilà le peuple grec au temps où Jésus-Christ vint au monde.

Je ne prétends pas dire que les Grecs de Solon, non plus que ceux de Lycurgue, fussent des modèles de moralité. La Grèce a toujours été la patrie de la débauche ; mais certes, aux époques de Solon, de Lycurgue, ainsi qu'aux temps des Marathon et des Thermopyles, il y avait de grandes vertus, de sublimes dévouements, le sentiment universel des droits de l'humanité ; il y avait une nation, une grande nation !

Est-il besoin d'insister? De Lycurgue au siècle de Tibère, la décadence est-elle donc contestable? Non certes, et l'on peut dire de la société grecque ce que nous venons de constater de la société romaine : que l'œuvre de la civilisation a été une œuvre de démoralisation et de dégradation sociale.

Et la société juive? Il ne faut qu'avoir ouvert le livre de Joseph pour savoir quel était l'épouvantable désordre qui constituait l'état social de ce malheureux peuple avant la destruction de Jérusalem, et même immédiatement avant la domination romaine; le pays ravagé par des hordes de brigands que le sort des armes élevait au pouvoir et en précipitait tour à tour; la férocité la plus effrénée, unie à la bassesse la plus servile; d'épouvantables tyrans apprenant à un peuple qui applaudit le dernier mot des orgies du despotisme; telle est la fin de la société juive; on connaît les premiers âges du peuple d'Israël. Ceux qui refusent d'accepter le caractère sacré des livres de Moïse ne contesteront pas son autorité comme historien; ouvrons-les donc ces livres, et reposons notre esprit sur le tableau de la vie des patriarches, sur ces peintures toutes empreintes de grandeur morale, d'un sentiment profond de la dignité et de l'indépendance humaines, embaumées d'un parfum de vertu qui fait un heureux contraste avec les siècles postérieurs.

Certes, les Israélites que Moïse accusait d'ingratitude et de lâcheté, sont des modèles de vertu en comparaison des Juifs du temps d'Hérode. Ici encore la décadence est incontestable. Cette nation a-t-elle marché d'un pas progressif vers sa délivrance, vers sa moralisation? Non! elle aussi a suivi la voie qui mène à l'esclavage, à la dégradation, à l'abaissement.

Le spectacle des sociétés asiatiques ne serait pas meilleur. La différence qu'on remarque entre les familles de l'Asie et celles de l'Europe au premier siècle de notre ère est surtout dans la forme des gouvernements. Pendant que le despotisme d'un seul était le principe prédominant dans le monde romain, on voit les révolutions d'Asie s'effectuer par des aristocraties puissantes, dont le gouvernement ne valait pas mieux que l'absolutisme européen. Ces nations n'avaient pas marché vers le progrès : elles auraient dû pour cela avoir commencé par l'état de la brute.

L'histoire ne constate non plus aucune marche progressive chez les nations barbares de l'Europe : leur histoire est obscure et fournit peu de documents ; mais elle ne laisse apercevoir aucune trace d'amélioration progressive.

Disons-le donc bien haut : avant l'invasion par le Christianisme des sociétés modernes, il n'y avait pas dans l'histoire des peuples anciens un seul exemple d'une nation marchant seulement pendant deux siècles consécutifs dans une voie d'amélioration sociale, de régénération morale, d'ascension vers la liberté

La marche des sociétés anciennes avait donc été une décadence constante depuis leur origine commune ; le mot de progrès doit être rayé du vocabulaire de l'antiquité païenne.

Il faut pourtant rappeler à beaucoup de gens qu'il y a eu dans le monde ancien des philosophes tout aussi brillants, tout aussi profonds, tout aussi puissants que les philosophes modernes, et leur parole n'a jamais fondé un droit, établi une vertu.

On doit, en outre, remarquer que ce n'est pas le temps qui a manqué aux sociétés anciennes, et que les dix-huit siècles écoulés depuis la venue de Jésus-Christ sont un bien court espace, comparés aux âges qui l'ont précédé. Et cette différence serait encore bien plus grande au point de vue des adversaires des traditions bibliques, qui tous, sans exception, attribuent à notre globe une origine bien plus reculée.

———

Après ce rapide coup-d'œil sur le mouvement des sociétés anciennes, interrogeons le travail des dix-huit siècles de Christianisme; comparons la marche des sociétés chrétiennes avec celle des nations contemporaines qui n'ont pas éclairé les ténèbres de leur voyage du flambeau de l'Evangile; cherchons le progrès, s'il a existé, et, quand nous l'aurons rencontré, demandons aux siècles passés la cause première de ce fait nouveau dans l'histoire des peuples; demandons-la aux livres des philosophes, à ceux de l'Eglise, à ceux des adversaires de l'Eglise, aux actes des gouvernements, aux ordonnances des rois, aux institutions des légistes. Le progrès n'est pas venu par une marche ténébreuse dont l'histoire n'ait pas gardé la trace.

Les sociétés chrétiennes ont-elles marché dans une voie d'amélioration sociale depuis le premier jour de leur existence? Nous avons dit ce que nous appelions progrès.

Ce n'est pas l'envahissement du luxe, le perfectionnement des jouissances matérielles.

C'est la reconnaissance des droits naturels quand ils ont été méconnus; ce sont des vertus établies à l'état de droit public, imposées tout au moins comme hypocrisie, quand le vice et les excès ont régné sans contestation générale.

Je ne crois pas qu'on conteste sérieusement le progrès dans certaines limites chez les nations chrétiennes. Nous avons tracé plus haut le hideux tableau de la société européenne au Ier siècle; est-il besoin de rappeler l'oubli complet de tous les droits des citoyens, le règne brutal de la force, les vices publics portant le sceptre et la couronne?

Sera-t-il nécessaire de représenter le spectacle de notre siècle qui stipule des droits partout, qui a détruit la royauté de la force, qui impose aux pouvoirs l'apparence de la vertu?

Je le dis avec assurance, la comparaison est trop inégale pour que le résultat en soit douteux. Oui, depuis le premier siècle de notre ère, nous avons marché en avant: le perfectionnement, l'amélioration de nos formes sociales est incontestable. Je ne le dissimulerai pas.

Mais si notre regard traverse les mers et s'en va chercher les peuples étrangers à la loi de l'Evangile, que trouvons-nous? Nous trouvons l'immobilité, l'absence complète de progrès.

Que le Chinois nous réponde, que l'Indien parle, ont-ils changé depuis les derniers ancêtres dont ils aient gardé la tradition? Non, ils n'ont pas fait un pas.

Là où vous trouvez quelque progrès, vous trouverez aussi (la loi est invariable) le contact des nations chrétiennes.

Le mahométisme a rempli le monde de ruines. Ce sont les seuls trésors qu'il ait amassés; et cependant là où le contact du Christianisme a été plus immédiat, on trouve l'amélioration sociale à un certain degré, et l'on constate d'une manière infaillible la cause du perfectionnement dans l'attouchement du Christianisme.

Il n'y a donc de progrès constaté que depuis le Ier siècle de l'ère chrétienne; avant ce temps, on n'aperçoit dans le monde qu'une marche générale de décadence, qu'on remonte jusqu'aux époques les plus ténébreuses de l'histoire.

Mais quel est en réalité ce progrès?

Est-il dans l'amélioration de la vie matérielle?

Dans le perfectionnement moral de l'individu?

Dans celui des formes sociales?

Nous dirons sans détour notre pensée: nous n'apercevons aucun progrès dans l'amélioration de la vie matérielle de l'homme, peu dans le perfectionnement moral des masses ; mais nous en trouvons un considérable dans l'amélioration des formes qui constituent la société.

Et qu'on ne dise point que toutes ces choses se lient, qu'elles ne peuvent exister que solidairement ; la perfection des formes sociales peut s'établir au nom de l'intérêt général sans qu'un seul vice disparaisse, sans que la nourriture de l'homme, son vêtement ou sa demeure en éprouve une notable amélioration.

La dignité humaine a été relevée, l'indépendance de l'homme un peu plus assurée. On a dit au mendiant esclave : Tu es un mendiant libre ! va ! le monde est ouvert à ta liberté !

Voilà qui est bien ; mais si l'inégalité imposait le patronage, l'égalité implique l'indépendance ; l'indépendance du pauvre vis-à-vis du riche ; l'indépendance du riche vis-à-vis du pauvre. L'égalité devant Dieu commandait l'aumône ; l'égalité devant les hommes l'entrave. Fera-t-on à son égal l'injure de cette pièce de cuivre qui tombe dans la sebille de l'aveugle ?

Le pauvre a été balbutier sa prière à la porte où ses pères remplissaient leur besace.

Il a trouvé un homme respectueux qui l'a salué jusqu'à terre. Il a demandé du pain, on lui a donné une carte d'électeur ; il a récité ses misères, on l'a félicité sur sa liberté. On ne l'a pas chassé comme un chien ; on l'a reconduit, chapeau bas, jusqu'à la porte de la cour.

Tous les efforts des philosophes, pour l'amélioration de la société, n'ont pas enlevé une seule misère de la surface de notre globe ; on a bouleversé les institutions, les conditions de la société, remanié les classes, et quand on a eu fait tout cela, quand on a eu divisé et subdivisé la propriété, il s'est trouvé que le nombre des mendiants était doublé. Et ceux qui savent quelle mission l'Évangile attribue aux pauvres ont pu comprendre que leur race ne périrait jamais.

Regardez bien au fond de toutes les théories que chaque siècle enfante; qu'y a-t-il? l'augmentation de la misère. Qu'est-ce que la division successive et infinie de la propriété? la plus grande généralisation de la misère, jusqu'à son point extrême d'égalisation, qui serait la misère générale et absolue de tout le monde. Beaucoup de gens vivent dans cette heureuse persuasion, que par suite de l'amélioration constante de la race humaine et de sa condition, la vie matérielle de l'homme s'est considérablement améliorée avec les siècles. Ils ignorent que l'histoire entière proteste contre cette erreur. Vous savez ce qu'il y a de pauvres maintenant; eh bien, vous ignorez peut-être que cette race déshéritée est presque tout entière d'origine nouvelle, et que les siècles passés la connaissaient à peine.

Les témoignages ne nous manqueraient pas; nous en consignerons un seul, remarquable par le caractère, la science et la profondeur d'esprit de l'homme qui l'a déposé dans l'histoire.

Machiavel, ennemi ardent de toutes les aristocraties, n'aimait pas la France, qui était alors le pays le plus aristocratique de l'Europe. A son retour de l'ambassade en France, il écrivit ses observations sur ce pays, qu'il avait observé en philosophe et en homme d'État. Voici le tableau qu'il nous donne de la condition matérielle du peuple des campagnes.

« La disette d'argent, chez le menu peuple, vient de ce qu'ils ne débitent pas leurs denrées, parce que le pays est si bon que chacun en aurait assez pour en vendre, s'il y avait des acheteurs; de manière qu'un homme qui voudrait vendre une mesure de froment dans son village, tout le monde se moquerait de lui, parce qu'il n'y en a point qui n'en ait à vendre. (Mach. Portr. de la France, p. 171.) »

Avouons de bonne foi que, même dans nos sociétes chrétiennes, il est difficile d'accuser un progrès dans la condition matérielle du peuple.

Jusqu'ici, il n'y en a aucun.

Nous sommes également peu frappés de l'amélioration morale de l'humanité; nous ne pensons pas que le cœur de l'homme soit changé depuis Attila. Vous êtes environnés de Tibères et de Gensérics que la société comprime, mais ne modifie point. Le vice n'a pas abdiqué; il a changé de forme. Les malheurs généraux sont moins considérables, parce que nos passions se développent dans une sphère d'habitudes adoucies et régularisées; mais les grandes misères de l'humanité subsistent.

Beaucoup de gens veulent être heureux; ils se cantonnent donc dans cette croyance que la guerre, la peste et l'esclavage sont les grandes calamités de la race humaine, et que, cela détruit, tout est fait.

Hélas! la guerre, la peste et l'esclavage sont dans le fond de votre cœur, et vous n'en chasserez pas ces souverains absolus. On souffre moins de la peste que des affections et des désirs trompés ou refoulés; de la guerre que de la haine; de l'esclavage que des chaînes affreuses de toutes les passions et de tous les intérêts conjurés. La grande misère de l'humanité a son principe en elle-même, et les institutions ne s'attaquent jamais qu'aux malheurs secondaires, qui sont, à la vérité, les plus éclatants et les plus bruyants.

Nous ne pensons donc pas que l'humanité ait considérablement gagné en bonheur et en vertu; il y a cependant un progrès. Nous avons donné le spectacle de la décadence morale de toutes les nations jusqu'au Ier siècle de l'ère chrétienne, nous avons présenté le tableau de la société moderne comparée au monde romain, et nous avons admiré l'œuvre du christianisme; quel est donc ce progrès?

Le progrès est, suivant nous, dans l'amélioration des formes sociales, qui permet, dans une mesure infinie, la liberté du bien. L'Evangile a délivré la vertu; il l'a affranchie de la domination des puissances en établissant un ordre général de liberté; de la domination des idées perverses, en donnant le sceptre aux idées morales.

Le bien est libre; l'Evangile a créé cette petite nation de chrétiens qui a pratiqué les vertus avec une rigidité logique, inconnue jusqu'alors. Perdus dans la foule de l'humanité, ces hommes ont donné un tel éclat à la vertu que l'apparence en a été imposée à l'humanité tout entière.

Voilà le progrès, et le Christ n'a jamais annoncé autre chose; il a constamment gémi sur la perversité et le malheur éternel de la race humaine. Il n'a pas prédit un monde chrétien, mais une petite nation de chrétiens disséminée par tout le globe, imposant successivement partout, non pas la domination, mais la liberté de leurs doctrines.

Et ce progrès est le seul réel; il y a bien des siècles qu'il est accompli; c'est lui qui nous vaut cette incontestable amélioration des formes sociales, qui consacre aujourd'hui partout, même dans les pays despotiques chrétiens, une liberté du bien inconnue à l'antiquité païenne.

Et, pour résumer nos croyances sur le progrès, nous dirons : l'homme n'a pas conquis le bonheur, la morale n'a pas conquis l'empire des cœurs, mais le bien a conquis la liberté. Il s'est formé, en outre, une petite nation sur le globe, imperceptible et dispersée sur la surface de la terre, qui a donné à l'acception de ce mot de morale une interprétation inconnue avant elle, à la pratique des vertus une rigidité que l'antiquité ne soupçonnait pas.

Cette liberté conquise par le bien s'est traduite en une

amélioration inouïe des formes sociales, qui sont destinées, nous le croyons fermement, à se perfectionner encore, et, en cela, nous appelons de tous nos vœux un progrès que nous espérons sincèrement.

Mais qu'on ne s'y trompe pas : cette amélioration dans la constitution sociale, qui produit la liberté du bien, n'a pas modifié sensiblement la condition matérielle de l'homme ; le bonheur n'est autre chose que le rapport de la puissance au désir ; ce rapport n'a pas changé ; des lois immuables veulent que le désir augmente en raison directe de la puissance.

Le Christianisme n'a pas entendu délivrer la terre des misères éternelles de l'humanité : toutes ses promesses sont pour l'autre monde et non pour celui-ci.

Nous ne croyons donc pas au progrès qui prétend mettre la main sur toutes les grandes misères sociales ; au progrès qui, niant la déchéance et la condamnation de notre race, veut marcher à la destruction de toutes les calamités qui affligent l'humanité.

Mais nous croyons au progrès qui, par une grande perfection des formes sociales, assurera dans une plus large mesure la liberté du bien, la liberté physique comme la liberté morale, qui n'est encore, à vrai dire, établie nulle part.

Mais la liberté du bien, c'est la liberté de tous. Le progrès que nous poursuivrions serait donc l'indépendance la plus grande possible de l'individu vis-à-vis de l'Etat, et de tout le monde, de l'Etat surtout.

Nous conseillerions donc aux partis qui veulent se réserver l'avenir de repousser toute idée progressive qui tend à diminuer l'indépendance de l'individu pour augmenter la domination de l'Etat, et de se souvenir de ces paroles que nous extrayons d'un livre célèbre :

« La société, dit-on, serait seule propriétaire du sol

et du travail. Mais qu'est-ce qué la société? En apparence, c'est tout le monde ; en réalité, quand il s'agit d'administration et de gouvernement, c'est toujours un nombre d'hommes extrêmement limité. Que la société s'appelle monarchie, aristocratie ou démocratie, elle est toujours représentée et conduite par deux ou trois hommes, que la suite des choses appelle au pouvoir et rend dépositaires de tous les éléments sociaux. A vingt ans, on ne le croit pas ; à quarante, on n'en doute plus. On sait que le gouvernement positif, malgré toutes les combinaisons imaginables, tombe toujours entre les mains de deux ou trois hommes, et que ces trois hommes morts, il en vient immanquablement trois autres, et ainsi à jamais. »

(LACORDAIRE, Conférences de 1845.)

Ces derniers mots sont la condamnation de presque toutes les idées socialistes.

Cette union que nous appelons entre les classes éclairées de la société, nous ne l'établirons donc pas sur la base du socialisme moderne ; nous ne croyons pas à son avenir. Nous conseillerons de la fonder sur la protection et sur la défense de l'indépendance individuelle, idée ennemie du socialisme. Venez tous et prenez sous la protection de votre intelligence, de vos lumières et de vos richesses, la liberté menacée du dernier de vos concitoyens. Après une marche progressive de trente-quatre années dans la voie de l'indépendance générale, cette liberté est aujourd'hui remise en question. Ne croyez pas à la force des classes populaires pour la défendre ; le peuple n'est pas une puissance, il n'est rien sans vous. Dans un moment de crise il pèsera dans la balance de tout le poids de ses bras nus ; en définitive, il sera sans influence sur les décisions de la nation. On lui a donné des droits politiques, et ce sera vous qui les exercerez.

Vienne l'expérience de la pratique politique par les classes illettrées, elles reconnaîtront avant vous leur incapacité à conduire les destinées du pays ; mais ces droits qu'elles possèdent ne déplaceront pas votre influence et la légitimeront ; elle relèveront en outre la dignité de ces classes laborieuses. Conservons-les donc soigneusement, défendons-les comme leur patrimoine et comme le nôtre.

Mais souvenons-nous aussi qu'il n'y a plus de force dans le monde sans la justice. Si nous appelons une alliance une fusion complète de toutes les classes riches et éclairées pour former la véritable aristocratie du pays, nous n'entendons point lever une armée contre le peuple ; nous pensons que la direction des affaires de la nation appartient à l'intelligence et à l'éducation, et que la société républicaine ne peut vivre qu'appuyée sur le patronage. Nous ne flatterons pas le peuple comme ces courtisans dont l'ambition s'incline si facilement devant la blouse et le sabot, nous ne lui dirons pas qu'il est roi ; en défendant ses droits politiques, nous ne lui conseillerons pas de chercher un sceptre qui échappera toujours à ses mains inhabiles. On a mis sur ses épaules le fardeau des droits et de la vie politique ; il en connaîtra bientôt la pesanteur. Oublié jadis au fond de ses campagnes, le peuple des villages voyait passer les révolutions et écoutait la chute des empires, sans que le sillon de sa charrue s'interrompît ou se détournât. Son indépendance n'en était jamais atteinte ; il apprendra désormais ce qu'il en coûte de devenir utile aux ambitions et à l'intrigue. Bacchus n'aura plus seul le privilége de troubler aux jours de fêtes la paix de sa chaumière ; ardent à la poursuite de sa proie, Mercure s'attachera à ses pas ; à sa suite entreront au hameau, pour en prendre à jamais possession, la vénalité, les haines, les vengeances des puissants, la richesse passagère et honteuse des jours de la bataille, l'oisiveté qu'elle amènera dans son cortége, et les habitudes de débauche qu'elle soldera la veille, pour rendre impossible le travail du lendemain.

Mais si un patronage éclairé des hommes riches et instruits s'étend sur cette classe, arrachée violemment aux habitudes pacifiques de sa vie, une protection sera donnée aux faibles ; et en ce moment, où le cri de réorganisation s'élève de tous les coins de la France, nous proposons aussi la nôtre. Dans les conditions nouvelles où la société a été jetée, l'organisation la plus pressée, comme la plus importante, est celle du patronage ; et ce n'est pas par les lois que celle-là peut s'établir. Qu'on se rende bien compte de cette vérité : l'homme de la charrue était indépendant ; il ne le sera plus désormais ! Il ne sera plus oublié de ses ennemis ; qu'il ne le soit pas de ses protecteurs ; que chacun songe à organiser le patronage dans le cercle de son influence ; la vie privée tout entière des travailleurs doit s'appuyer sur votre intelligence et sur votre puissance.

Les hommes qui ont donné au peuple ses droits politiques ont voulu en faire un instrument de leur ambition.

Nous nous souviendrons que chez les nations chrétiennes ce mot de peuple est un mot sacré ; il veut dire : travail, modestie, résignation et faiblesse ; tout ce que le Christianisme nous apprend à respecter. Nous ne chercherons pas à lui donner des droits pour nous débarrasser de nos devoirs envers lui. Quand la misère viendra heurter à la porte, nous penserons qu'il n'y a pas égalité entre elle et la richesse, et nous lui donnerons sans rougir ; nous penserons qu'il n'y a pas liberté dans ses rapports avec nous, et nous ne lui imposerons pas des actions politiques ; nous penserons qu'il n'y a pas fraternité pour nous dans le cœur du pauvre, qui mesure les distances, et nous ferons plus que de lui donner un morceau de pain, nous lui apporterons notre in-

térêt et notre protection pour son existence entière ;
nous descendrons jusqu'à lui pour l'élever jusqu'à nous ;
et méprisant cette indigne ironie de la fraternité offi-
cielle, le jour où il aura jeté notre nom dans une urne,
nous descendrons dans la chaumière, et, sans l'appeler
mon frère, nous ne craindrons pas de prendre cette
main rustique et de nous souvenir que le service rendu
par le pauvre au riche n'est pas suffisamment payé par
l'aumône ; et quand vous aurez déposé votre supériorité
sociale sur la marche brisée de la porte, le pauvre ne
déposera pas sur le foyer son infériorité et sa misère ; il
attend de vous autre chose que du respect et de l'égalité : il lui faut encore votre dévouement pour sa vie jadis si calme, aujourd'hui agitée violemment et boulever-
sée au profit de vos passions et de vos intrigues.

Edmond DE Floirac.

Paris, ce 5 mai 1848.

Paris. — Imprimerie d'A. René, rue de Seine, 32.